Steuern & Finanzen

Ein fröhliches MINI-Wörterbuch für einfallsreiche
Steuerberater, gestreßte Finanzbeamte,
listige Steueranwälte, getarnte Steuerfahnder,
und all die vielen vom Formularkrieg ermüdeten,
gebeutelten Steuerzahler.

Von Klaus Göppert
mit Zeichnungen von Klaus Puth

© Tomus Verlag GmbH, München 1992
Alle Rechte der Verbreitung, auch durch Fernsehen, Funk, Film,
fotomechanische Wiedergabe, Bild- und Tonträger jeder Art,
sowie auszugsweiser Nachdruck vorbehalten.
Gesamtherstellung: Ebner Ulm

4   5   6   7   98 97 96 95
         Auflage   Jahr
(jeweils erste und letzte Zahl maßgeblich)
ISBN 3-8231-0414-4

Abfindungen

A

Abfindungen — Trennungsentschädigungen, die selbst der Staat nicht anzutasten wagt. Erst wenn aus der A. ein „golden handshake" wird, hält auch das Finanzamt die Hand mit auf.

Abgabenordnung (AO) — Bibel für Steuereintreiber.

Abschreibungsgesellschaften — Eine Besonderheit des Steuerrechts, die zur Korrektur der allzu kapitalistisch ausgerichteten Gesellschaft geschaffen wurde. Anders als beim „Monopoly"-Spiel zählt hier zu den Gewinnern, wer nicht seinen Gewinn maximiert, sondern möglichst viel verliert.

Aktenzeichen — Eine Mischung aus Buchstaben und Ziffern, die die Existenz eines steuerpflichtigen Menschen dokumentiert.

Aktien — Sterne am Kapitalhimmel, zu denen der Staat immer begehrlich aufblickt.

Altersfreibetrag — Respektbezeugung des Finanzamtes vor dem Alter, die man leider sonst in der Gesellschaft vielfach vermißt.

Anonymes Sparen — Hintergrund für viele Reisen in die Schweiz, bei denen gut bewachte, krokolederne Aktenkoffer mitgeführt werden. Bei a. S. aus den USA setzten sich als Geldtransportbehälter zunehmend Plastiktüten durch.

Ausbildungsfreibetrag — Aufmunterung des Finanzamtes durch den Ansatz kleiner Merkposten als abzugsfähige Pauschalen, Kinder so lange zur Schule zu schicken, bis gewisse Hoffnungen bestehen, daß sie später nicht der Sozialfürsorge zur Last fallen und damit erheblich größere Ausgaben des Staates erfordern, als es der Einnahmeverlust während der Zeit der Ausbildung darstellt.

B

Bauherrenmodell Konzept zur Abschöpfung überflüssiger Gelder vor allem von gut verdienenden Selbständigen, das auf der wundervoll klingenden Rechnung beruht, die Steuer bezahle alles. Meist sind es kleine Abweichungen von dem Rechenmodell, die nach dem fröhlichen Richtfest das Ganze in einem trüberen Licht erscheinen lassen.

Berufskleidung Nach Meinung des Finanzamtes sollten in den meisten Büros und vielen Produktionsstätten große FKK-Etagen eingerichtet werden.

Betriebsprüfung Erschließen zusätzlicher, nach Meinung der Steuererheber noch nicht vollständig ausgeschöpfter Einnahmequellen.

Bewirtungsspesen Subventionsmaßnahme der Steuerbehörden für die notleidende Gastronomie.

Bücher	Im Sinne des Umsatzsteuergesetzes Güter, die Blindenhunden gleichzusetzen sind.
Buchführungspflicht	Maßnahme zum Erhalt von Arbeitsplätzen.
Bund der Steuerzahler	Bauernverband für Steuerzahler, gegenüber dem Vorbild jedoch vergleichsweise machtlos. Zu seinen vornehmsten Aufgaben gehört die Herausgabe eines Jahresberichtes, der die glänzendsten Beispiele staatlicher Verschwendungssucht aufspürt und diesen sowie ihren Verursachern große Publizität und bleibenden Ruhm sichert.
Bundeshaushalt	Summe der Gelder, die der Finanzminister in einem Jahr zu verschleudern gedenkt. Meist reicht die Summe der von den Steuerzahlern erpreßten Gelder dafür nicht aus.

C

Champagner	Beliebte Waffe der Spesenritter.

Eheähnliche Gemeinschaft

D

Deckungsbeitragsrechnung — Fein ausgeklügeltes System, bei dem selbst in einem Unternehmen, das Verluste macht und in die Pleite steuert, überall Gewinne gemacht werden.

Diensterfinder — Jemand, der sein Hobby zum Beruf gemacht hat, während seiner Arbeitszeit mit Erfinden beschäftigt ist und sich deshalb im Gegensatz zum freien Erfinder in seinen Mußestunden anderen Tätigkeiten widmen kann.

E

Eheähnliche Gemeinschaft — Nicht lizenziertes Zusammenleben, das dementsprechend fiskalisch als nicht bestehend behandelt wird.

Ehegattensplitting — Auch im Steuerrecht gilt der Grundsatz: Geteiltes Leid ist halbes Leid.

Einkommensteuer	Versuch des Finanzamtes, allzu krasse soziale Unterschiede zu nivellieren.
Einspruch	Zaghafter Versuch, gegen allzu üppige Zuschläge bei der Steuerfestsetzung zu protestieren.
Entwicklungsländer	Guter Weg, hier nicht mehr gebrauchte Maschinen steuergünstig loszuwerden. Ist dem Verschenken vorzuziehen, da Kapitalinvestitionen in E. zu den wenigen Möglichkeiten zählen, steuerfreie Rücklagen zu bilden.
Erbschaftssteuer	Später Güteerweis des Finanzamtes für den Verstorbenen. Denn das Finanzamt sorgt dafür, daß die Freude über das Erbe nicht allzu üppig ausfällt.

F

Fahrtkosten	Durch die Anerkennung der Aufwendungen für die Fahrt zwischen Wohnung und

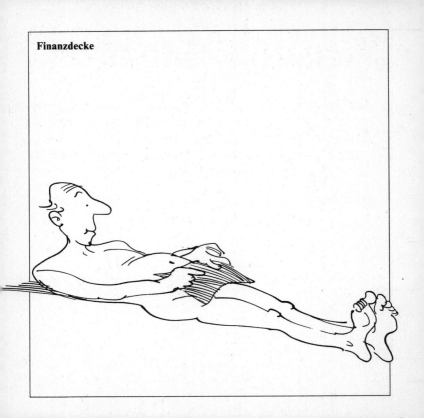

Arbeitsplatz als Werbungskosten bemüht sich der Fiskus um die Stabilisierung der Inlandsnachfrage für die wichtige Automobilindustrie.

Finanzamt	Das Gebäude, auf das der Steuerzahler besonders stolz sein sollte und das in manchen Städten deshalb auch besonders prunkvoll ausgefallen ist. Denn es zeugt von der Wirtschaftskraft einer Stadt.
Finanzdecke	Decke, unter der nur allzuoft die Füße herausragen.
Finanzminister	Einer, der auf anderer Leute Kosten Schulden machen kann.
Firmenauto	Ärgernis für die Steuerbeamten, die kein F. zur Verfügung gestellt bekommen. Zur Abreaktion des daraus entstehenden Minderwertigkeitskomplexes wird dieses Privileg besteuert.

G

Geld, schwarzes	Dunkle Scheine, die aus irgendwelchen Gründen das Finanzamt passiert haben.
Geldwerter Vorteil	Steuereinnahmequellen, die der Fiskus hinter allen noch so kleinen, einem Arbeitnehmer zufließenden Annehmlichkeiten vermutet.
Gemeindefinanzmasse	Ein Beitrag, der im krassen Mißverhältnis zu den Kosten für den Bau des neuen Rathauses, des beheizbaren Schwimmbades sowie der Mehrzweckhalle steht.
Gewerbesteuer	Maßnahme zum Umweltschutz. Durch die G. sollen Unternehmen davon abgehalten werden, Betriebsstätten zu eröffnen und damit die Unberührtheit der Natur und des Lebensraumes zu stören.
Gewinn	Blühende Wiese für Steuereintreiber.

Gewinnverwendung

Gewinnausschüttung, verdeckte	Zweifel des Finanzamtes an der Qualifikation eines Geschäftsführers.
Gewinnverwendung	Ein unternehmerisches Problem, bei dessen Lösung die Finanzämter ihre Hilfe anbieten.
Grundbesitz	Boden, auf dem eine ganze Palette von Steuern wächst.

H

Hauptbuch	Das Buch der Bücher – bevor der Computer kam.
Haushaltsplan	Einkaufsliste des Finanzministers.
Heirat	Familienrechtlicher Akt, der unter fiskalischen Gesichtspunkten nur bei sehr unterschiedlich hohen Einkommen zu empfehlen ist.

Homo oeconomicus	Mensch, der nur an das eine denkt.
Hundesteuer	Steuer, die wegen der Bissigkeit des besteuerten Objektes nur über einen Umweg, den Halter, einzutreiben ist.

I

Inflation	Ökonomischer Prozeß, der zur Erhöhung der Steuerprogression führt und deshalb sehr zu begrüßen ist.

J

Jahresabschluß	Bild eines Unternehmens, das der Unternehmer selbst gemalt hat.

K

Kapitalertragssteuer	Beim Eintreiben der K. zeigt sich, wie flüssig Geld sein kann.

Kapitalflucht	Geld auf Erholungsreise.
Kindergeld	Im Volksmund auch „Sprungprämie" genannte Unterhaltszahlung des Staates für die Aufzucht von die Nation erhaltendem Nachwuchs.
Kirchensteuer	Abgabe zum Erhalt früher Versuche von Wolkenkratzern.
Kleinaktionär	Beutetier der Quellensteuer.
Kopfsteuer	Eine der ersten, von Mose bereits eingeführten Steuern: „Der Herr sprach zu Mose: Wenn du die Zählung der Israeliten für ihre Veranlagung durchführst, soll jeder von ihnen ein Lösegeld für seine Person zahlen." (2. Buch Mose).
Körperschaftssteuer	Hat mit dem horizontalen Gewerbe nichts zu tun.

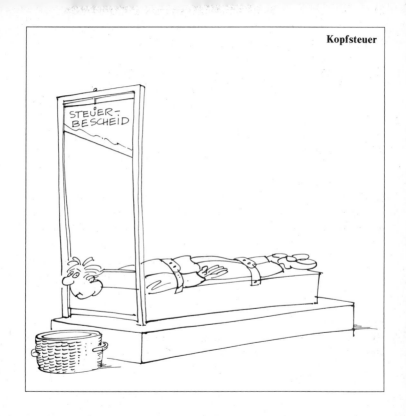

Lohnsteuer

L

Länderfinanz- Auszahlung der Siegesprämien nach einem
ausgleich Catch-Kampf.

Lohnsteuer Beitrag, den der Arbeitnehmer für das Wohl des Staates leistet. Da nicht jedem Arbeitnehmer die staatstragende Funktion seiner Abgabe von vornherein einleuchtet, wird ihm die Entscheidung über die Abführung eines Teils seines Einkommens nicht selbst überlassen, sondern vor der Auszahlung des Lohns abgenommen.

Lohnsteuer- Durch formalistische Bestimmungen erschwertes Recht des Steuerzahlers, zuviel
jahresausgleich gezahlte Lohnsteuern zurückzuverlangen.

M

Mehrwertsteuer Phantasiename für die frühere Umsatzsteuer, die dem Steuerpflichtigen die Zahlung dadurch erleichtern soll, daß ihm das Gefühl vermittelt wird, zur Steigerung des Wertes einer Ware beigetragen zu haben.

Mineralölsteuer Partizipation des Staates an der Freude am Autofahren, dessen Einnahmen sich parallel zur Steigerung der Geschwindigkeit erhöhen.

Münzhoheit Dem Staat vorbehaltenes Recht zur Metallveredelung.

N

Nettoeinkommen Regelmäßig wiederkehrendes Schockerlebnis.

O

Öffentliche Hand Ausdruck aus der Umgangssprache für den Begriff „große, offene Hand".

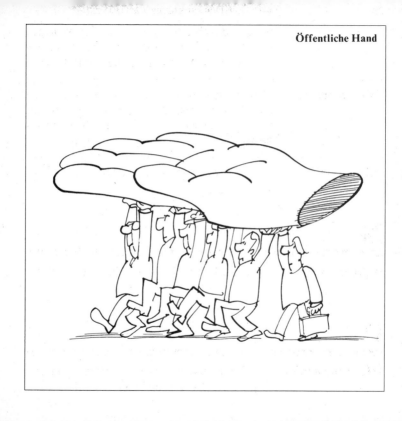

Postgeheimnis

P

Parteispenden   Ungewöhnliche Bescheidenheit der Wohltäter, die ihre Namen nicht in Spendenlisten verzeichnet sehen wollen.

Postgeheimnis   Relikt einer rechtsstaatlichen Ordnung, die für die Steuereintreiber nicht gilt.

Progression   Im Steuerrecht verankerte, moderne Form der Daumenschrauben.

R

Rabatt   Wird auch bei Barzahlung von Steuern nicht eingeräumt.

Rechtsbeschwerde   Ohrfeige für einen Finanzbeamten, die ihn allerdings nicht immer trifft.

Rennwettsteuer   Steuer, die eingeführt wurde, da die Anzahl der Pferdesportexperten unter den Finanzbeamten nicht ausreicht, alle Derbys durch einen Vertreter der öffentlichen Hand besuchen zu lassen, der mit einigen Chancen selbst Wetten abschließen kann.

Repräsentationsaufwendungen	Versuch der Finanzbehörden, natürliche und einfache Lebensformen populär zu machen.
Rückstellungen	Ergebnis einer überzeugenden kreativen Leistung bei der Erfindung von bösen und bedrohlich agierenden Märchenfiguren.

S

Sachverständiger	Person, die dafür bezahlt wird, daß sie sich traut, über Sachen zu reden und zu schreiben, von denen niemand eine Ahnung hat.
Schenkungssteuer	Sinnvollerweise eingeführte Steuer, um dem Ausbreiten einer dem menschlichen Erwerbstrieb fremden und daher schädlichen Unsitte vorzubeugen.

Schwarzarbeit	Vom Finanzamt als bei dieser Form der Arbeitsabwicklung Außenstehender nicht besonders gern gesehene Kostensparmaßnahme, von der alle Beteiligten im allgemeinen profitieren.
Schwarzer Montag	Symbol für die mit Aktienspekulationen verbundenen Risiken. Nachdem sowohl 1873 als auch 1927 ungewöhnliche Kursstürze das Börsengeschehen interessant und abwechslungsreich gestalteten, fiel der Kurssturz des Jahres 1987 nach diesen historischen Erfahrungen völlig unerwartet auf einen Montag.
Sieben-b-Abschreibung	Bausteine fürs Eigenheim.
Sonderabgaben	Steuern, mit denen Finanzleute Politik machen wollen.
Sonderausgaben	So besonders sind aus dem Blickwinkel des Finanzamtes die meisten Ausgaben denn

doch wieder nicht, auch wenn der Steuerzahler da anderer Ansicht ist. Zu den Ausnahmen zählt, obwohl es so etwas Besonderes nun auch wieder nicht ist: Ehefrau, getrennt lebende.

Spesen	Der Teil des Lebens, der wirklich Spaß macht.
Staatsverschuldung	Wie man dabei noch immer lachen kann, bleibt das Geheimnis des Finanzministers.
Steuerberater	Pfadfinder für schwieriges Urwaldgelände.
Steuerbetrug	Breitensport, der allerdings einen Schönheitsfehler hat: Statt des Siegestreppchens steht am Ende möglicherweise das Gefängnis.
Steuererklärung	Striptease, bei dem man versucht, das letzte Höschen doch noch anzubehalten. Ärger steht allerdings bevor, wenn der derart Getäuschte etwas davon merkt.

Steuerfahndung	Suche nach neuen Einnahmequellen. Die bei der Suche nach Wasseradern gerne benutzte Wünschelrute bringt allerdings in diesem Fall selten befriedigende Ergebnisse.
Steuergeheimnis	Weise Anordnung des Staates, über gute Geschäfte nicht zu plaudern und damit nicht überflüssigerweise Nachahmer auf die üppigen Pfründen aufmerksam zu machen.
Steuerprüfung	Kostenpflichtige Behandlung für Unternehmer, die an ernsthaften Krankheiten wie Gedächtnisschwund leiden. Das Honorar richtet sich nach der Schwere der Krankheit.
Steuerreform	Unverständlicher parlamentarischer Hickhack, bei dem sich nicht viel ändert. Dennoch hat das damit verbundene Procedere einen hohen publizistischen Aufmerksamkeitswert. Die Akteure in diesem Spiel, bei

dem es darum geht, Erwachsenen Märchenträume vorzugaukeln, sind vergleichbar mit den Seifenblasen-Jongleuren im Zirkus „Roncalli".

Steuerrückzahlung	Wunschtraum für Steuerzahler, der nur selten in Erfüllung geht.

T

Testament	Die letzte Möglichkeit eines Erblassers, sich an seinen Nachkommen zu rächen.

U

Umsatzsteuer	Bequeme Art des Staates, sich an jeder Form des Konsums zu bereichern.
Umweltabgabe	Ablaß, mit dem sich ein Unternehmen die Befreiung von der Schuld der Umweltzerstörung erkauft.
Urlaubsgeld	Auch während der schönsten Wochen des Jahres bleibt der Staat stets an deiner Seite.

V

Veranlagung	Musterung des Steuerpflichtigen.
Verlust	Ein steuerlich betrachtet höchst interessantes Ergebnis einer wirtschaftlichen Tätigkeit, dessen Wert hin und wieder überschätzt wird.
Vermögenssteuer	Abgabe, die ein zu Vermögen gekommener Bürger selbstbewußt und gerne leistet, um auch andere an seinem Reichtum teilhaben zu lassen.
Verpflegungspauschale	Gesundheitsförderndes Programm, mit dem wenigstens auf Dienstreisen durch intensives Fasten der steigenden Übergewichtigkeit der Bevölkerung entgegengewirkt werden soll.
Vorsteuerabzug	Kürzung der eigenen Steuerlast durch das, was der Staat sich zuvor bereits bei anderen geholt hat.

W

Wechselsteuer — Guter Einfall, sich auch noch an einem Schuldner zu bereichern, der seine Rechnungen nicht bezahlen kann.

Werbungskosten — Maßnahme des Finanzamtes, durch die steuerliche Absetzbarkeit aller Maßnahmen, die zur Sicherung der Einnahmen des Steuerzahlers dienen, diesen als sichere Einnahmequelle zu erhalten. Fiskalische Erscheinungsform des aufgeklärten Feudalismus.

Z

Zentralbankrat — Debattierclub reisefreudiger Banker, die regelmäßigen Gedankenaustausch darüber pflegen, was das Geld so alles anstellt, meist jedoch weise darauf verzichten, durch Beschlüsse irgendwelcher Art auf die Spiele des Geldes Einfluß zu nehmen.

Von den Fröhlichen

Mini-

Wörterbüchern sind bis jetzt erschienen:

Abnehmen
Angeln
Autofahren
Bank & Börse
Bergsteigen
Bioköstler
Büro
Bundeswehr
Caravan
Computer
Computeritis
DDR-Deutsch
Do-it-yourself
EDV
Eisenbahn
Eishockey
Feiern
Fernsehen
Feuerwehr
Fitneß
Fotografieren
Fußball
Gärteln
Golfen
Großmutter
Hifi & CD
Hotel
Jagen
Karl-May-Fan
Katzen
Kegeln
Kinder
Kuren

Von den Fröhlichen <u>Mini-</u> Wörterbüchern sind bis jetzt erschienen:

Lehrer
Männer
Management
Motorradfahren
Mutter
PC
Radfahren
Reiten
Schule
Segeln
Singen
Skatspielen
Skifahren
Spaß b. Backen
Spaß b. Kochen
Squash
Steuern
Studieren
Surfen
Tanzen
Tauchen
Tennis
Tischtennis
Traumurlaub
Vater
Verarzten
Verheiratet
Verkauf
Verliebt
Volley-Ball